HISTOIRE ABRÉGÉE

DU

DÉPARTEMENT DE VAUCLUSE

Par Roger LIQUIER

Directeur d'École normale.

NOTIONS GÉOGRAPHIQUES.

Le département de Vaucluse tire son nom d'une fontaine célèbre et très pittoresque située à 7 kilomètres à l'est de la ville de l'Isle.

Le mot *Vaucluse* lui-même signifie *vallée close* parce que la vallée d'où s'élancent les eaux de cette fontaine n'est qu'une sorte d'impasse fermée par un rocher très élevé et coupé à pic.

Son territoire est borné : au nord, par le département de la Drôme; à l'est, par les Basses-Alpes ; au sud, par les Bouches-du-Rhône ; à l'ouest, par le Gard. Une portion qui forme le canton de Valréas s'en trouve détachée, et, par une particularité remarquable que l'histoire explique, est complètement enclavée dans le département de la Drôme.

La partie ouest est un pays de plaines fertiles et bien arrosées. La partie est, où se ramifient quelques contre-forts des Alpes, est au contraire fort accidentée.

Trois petites chaînes de montagnes à peu près parallèles s'en détachent et s'avancent perpendiculairement vers le Rhône, courant ainsi de l'est à l'ouest.

La plus septentrionale sépare les arrondissements

d'Orange et de Carpentras. C'est à celle-là qu'appartient le *Mont Ventoux*, qui est un des sommets les plus élevés des Alpes du Dauphiné (1926^m).

Celle du centre est formée des *Monts de Vaucluse*, d'altitude médiocre, qui séparent les arrondissements de Carpentras et d'Apt. (1)

Enfin, au sud, sont les *Monts du Luberon* qui coupent en deux l'arrondissement d'Apt.

Les principaux cours d'eau du département de Vaucluse sont : le *Rhône*, qui le limite à l'ouest et arrose Avignon ; l'*Eygues* ou *Aygues*, qui forme une partie de la limite nord ; l'*Ouvèze*, qui passe à Vaison ; l'*Auzon*, qui passe à Carpentras ; la *Nesque*, qui passe à Sault et à Pernes ; la *Sorgue*, qui vient de la *fontaine de Vaucluse* et se ramifie en plusieurs branches arrosant l'Isle et Bédarrides ; le *Coulon* ou *Calavon*, qui passe à Apt et à Cavaillon ; enfin la *Durance*, qui passe aussi à Cavaillon et forme la limite sud.

Le département de Vaucluse a été formé :

1º Du *Comtat Venaissin* et de l'*État d'Avignon*, pour plus de la moitié de son territoire, savoir : l'arrondissement d'Avignon tout entier ; l'arrondissement de Carpentras, moins le canton de Sault, et l'arrondissement d'Orange, moins la ville d'Orange et les environs (2) ;

2º D'une partie de la Provence pour les deux cinquièmes environ de son territoire (arrondissement d'Apt et canton du Sault) ;

3º De la principauté d'Orange pour le vingtième de son territoire (ville d'Orange et environs).

---

(1) C'est de l'extrémité est de cette petite chaîne et sur les confins de l'arrondissement d'Avignon que s'échappe la *Fontaine de Vaucluse*.

(2) Le *Comtat Venaissin* et l'*État d'Avignon* étaient l'un et l'autre des possessions pontificales, mais distinctes. L'État d'Avignon proprement dit ne comprenait guère que la ville d'Avignon et quelques communes suburbaines, telles que Gadagne, Châteauneuf, Bédarrides. — Le Comtat comprenait, outre le territoire indiqué, 9 communes qui ont été incorporées au département de la Drôme.

HISTOIRE

I. — GAULE ROMAINE.

Avant la conquête romaine, le pays était occupé par quatre tribus gauloises :

1° Les *Cavares* (rive gauche du Rhône : Orange, Avignon, Cavaillon) ; 2° les *Voconces* (Vaison) ; 3° Les *Méminiens* (Carpentras) ; 4° Les *Vulgientes* (Apt).

Ces tribus avaient de fréquentes relations commerciales avec Marseille, leur voisine. Comme Carthage faisait à cette ville une concurrence maritime très redoutable, il arriva que quand éclatèrent entre les Romains et les Carthaginois les grandes guerres que se firent ces deux peuples, elles prirent parti pour les Romains, dont la victoire devait abaisser les adversaires de leurs alliés, les Massaliotes (Marseillais).

Mais les Romains, après avoir dompté Carthage, voulurent plus tard conquérir la Gaule. Alors tous les peuples de ce pays durent combattre à leur tour pour défendre leur indépendance. Une armée d'Arvernes (Auvergne) et d'Allobroges (Dauphiné et Savoie) ayant été taillée en pièces à *Bédarrides*, toutes les tribus de ces régions se soumirent (121 av. J.-C.). Leurs territoires furent incorporés à la *Province romaine* (pays compris entre les Alpes, la Méditerranée, les Pyrénées, les Corbières, les Cévennes, et le Rhône, de Lyon à Genève, non compris ces deux villes, situées sur l'autre rive du fleuve. C'est de ce nom de Province qu'est venu le nom de *Provence*, c'est-à-dire la Province par excellence.

Plus tard, ce pays fut appelé la *Narbonaise* (Narbonne), et plus tard encore, la partie comprise entre le Rhône et les Alpes prit le nom de *Viennoise* (Vienne). Plus tard enfin, une portion de la Viennoise, formée d'une partie de la Provence englobant l'arrondissement d'Apt, reçut le nom de *Narbonaise deuxième*.

Sous la domination romaine, le pays prospéra et se civilisa. Des monuments antiques attestent la splendeur de certaines villes. C'est ainsi qu'on voit encore à Orange un arc de triomphe fort élégant et un théâtre d'un imposant aspect, pouvant contenir plus de 10.000 spectateurs ; à Carpentras, un arc de triomphe aujourd'hui dissimulé dans une cour du palais de Justice; à Cavaillon, une porte triomphale; à Vaison, un pont remarquable, etc.; sans parler des mosaïques, des débris artistiques de toutes sortes que des fouilles pratiquées en divers endroits, et notamment dans cette dernière ville, ont fait découvrir.

II. — ÉPOQUE MÉROVINGIENNE ET CAROLINGIENNE.

Le christianisme s'introduisit dans le pays dès les premiers siècles de l'ère chrétienne, et c'est à Vaison que se réunit le premier concile tenu en Gaule.

Mais la contrée fut dévastée à plusieurs reprises par les invasions des barbares : Goths, Alains, Vandales, Bourguignons.

Finalement elle échut aux Bourguignons, dont le royaume s'étendait alors: au nord, jusqu'à Troyes; à l'ouest, jusqu'à la Loire; à l'est, jusqu'aux Alpes et sur la moitié de la Suisse; au sud, jusqu'à la mer.

Dans la guerre que Clovis fit à ce peuple, il poursuivit le roi Gondicaire jusqu'à Avignon, où celui-ci s'était réfugié (500).

Cette ville resta avec la province de Marseille au pouvoir non pas de Clovis, mais de son allié Théodoric, roi des Ostrogoths.

En 534, la Bourgogne fut conquise par Childebert et Clotaire, fils de Clovis; tandis que d'autre part Vitigès, roi des Ostrogoths, maître de la Provence et d'Avignon, les cédait à peu près à la même époque à Théodebert, roi d'Ostrasie, pour obtenir son alliance. Le pays Venaissin se trouvait donc partagé entre des rois francs.

Clotaire réunit un instant toute la Gaule sous sa domination. Dans le partage qui eut lieu entre ses fils, la Bourgogne échut à Gontran. Mais celui-ci ayant stipulé avec Childebert, roi d'Ostrasie, par le *traité d'Andelot* (587), que l'héritage de celui des deux qui mourrait sans enfants passerait au survivant, il arriva de la sorte que le pays d'Avignon passa, avec la Bourgogne, au pouvoir du roi d'Ostrasie.

Quand les Arabes, après avoir envahi l'Espagne, pénétrèrent en Gaule, les peuples de la vallée du Rhône, par haine des indignes successeurs de Dagobert, laissèrent s'introduire chez eux les envahisseurs. Charles-Martel les chassa après une lutte sanglante dont l'atrocité est restée, dit-on, consacrée par le nom actuel d'une rue d'Avignon, la rue *Rouge* (736).

Les Sarrasins se maintinrent pourtant plus de soixante ans encore à Orange. Cette ville leur fut reprise par un duc d'Aquitaine, *Guillaume au Cornet*, (ou, suivant d'autres, *au court nez*). Charlemagne en laissa le gouvernement au vainqueur en récompense de ses exploits. Et c'est en souvenir de ce Guillaume au Cornet, qu'on voit un cor dans les armoiries de la ville d'Orange.

Quand l'empire carolingien fut démembré, le *traité de Verdun* (843) engloba le département actuel de Vaucluse dans les États de Lothaire (Lotharingie), qui formaient, comme on sait, une bande de terrain s'étendant depuis la rive hollandaise de la mer du Nord jusqu'au sud de Rome.

Lors du partage définitif, en 888, ce pays se trouva compris dans le royaume de *Bourgogne cisjurane* (en deçà du Jura) qui avait à peu près les mêmes limites que le bassin du Rhône, à l'est de ce fleuve et de la Saône.

En 930, la *Bourgogne cisjurane* et la *Bourgogne transjurane* (partie de la Suisse et de la Franche-Comté) furent réunies et formèrent le *royaume d'Arles*, avec Arles pour capitale.

III — MOYEN AGE. — ORIGINE DU COMTAT VENAISSIN. — DESTINÉES PARTICULIÈRES D'ORANGE ET D'AVIGNON.

Au siècle suivant, le *royaume d'Arles* fut cédé par son souverain, Rodolphe III, à l'empereur d'Allemagne, qui laissa la Provence dans une sorte d'indépendance sous ses comtes particuliers. Le département de Vaucluse actuel fit alors partie du *comté de Provence*.

En 1125, une partie de ce comté, comprenant la moitié nord-ouest du département (moins Orange), en fut séparée et passa par héritage, sous le nom de *Marquisat de Provence*, aux comtes de Toulouse. Telle fut l'origine du *Comtat Venaissin*.

Apt et Sault, avec les territoires environnants, restaient au pouvoir des comtes de Provence.

Quant à *Orange*, dès le neuvième ou le dixième siècle une seigneurie indépendante s'y était fondée. Ce fu d'abord un *comté*, puis, à partir de 1146, une *princi pauté*.

Quatre dynasties s'y succédèrent. La première eu pour chef *Giraud d'Adhémar*. Un de ses membres Rambaud, prit part à la première croisade.

En 1173, Orange passe par mariage à l'illustre mai son *des Baux* (village près d'Arles), qui prétendai descendre de rois visigoths.

Son chef, Bertrand des Baux, reçut de l'empereur d'Allemagne, Frédéric Barberousse, l'autorisatio d'exercer les droits *régaliens*, c'est-à-dire de lever de impôts, de battre monnaie, de faire la guerre, etc.; e un mot, une sorte d'investiture royale.

Cette seconde dynastie dura jusqu'en 1373.

La troisième et la quatrième, dont nous parlerons plus loin, durèrent, l'une jusqu'en 1530, l'autre jusqu'en 1702.

La ville même d'Avignon, restée indivise entre les comtes de Provence, de Toulouse et de Forcalquier, avait fini par se donner un gouvernement libre et démocratique sous quatre consuls électifs.

Cette constitution fut approuvée en 1157 par l'empereur d'Allemagne Frédéric Barberousse, suzerain nominal du comté de Provence. Et c'est en souvenir de cette suzeraineté que, dans les armes d'Avignon, l'écu est supporté par deux gerfauts (oiseaux de proie), emblème de l'empire germanique.

Vers cette époque (1177), dit-on, se place la construction du fameux *pont Saint-Bénézet*.

Pendant ce temps, les comtes de Toulouse disputaient à leurs évêques *Vaison* et *Carpentras*. Le comte Raymond VI s'empara violemment de ces deux villes et fit bâtir à Vaison le château-fort dont les ruines dominent encore la ville.

Mais le pape et l'empereur l'obligèrent à faire amende honorable dans l'église de *Saint-Gilles* (Gard), où le légat (représentant) du pape le frappa avec un faisceau de verges avant de lui donner l'absolution (1209). Vaison et Carpentras furent rendus à leurs évêques.

La république avignonaise eut son tour d'épreuves et

e luttes. Quand commença la croisade contre l'hérésie, qui, sous le nom d'hérésie albigeoise, avait envahi tout le Languedoc, les Avignonais prirent parti pour le comte de Toulouse, Raymond VI, combattirent à Muret (1213), où les Albigeois furent vaincus, et, cinq ans plus tard, Guillaume des Baux, prince de la deuxième maison d'Orange et adversaire des Albigeois, étant tombé en leurs mains, ils le massacrèrent.

Pour assurer l'ordre intérieur au milieu de ces troubles et organizer plus sûrement la résistance contre de nouvelles attaques, les Avignonais, à l'exemple des républiques italiennes, se donnèrent un *podestat* (dictateur).

Mais le roi de France, Louis VIII, vint lui-même assiéger la ville et s'en empara, malgré l'héroïsme des habitants (1226). Le légat du pape obligea ceux-ci à raser leurs murailles, à démolir trois cents maisons, à livrer trois cents otages et à payer une forte amende.

Le *traité de Paris* (1229), qui mit fin à la guerre, donna le marquisat de Provence au pape. Mais, des contestations s'étant élevées, ce pays ne lui resta qu'en 1274. Il forma le *Comtat Venaissin* (1), qui eut Pernes d'abord, puis Carpentras pour capitale.

Avignon ne fut pas englobé dans cette cession. Cette ville conserva, sous la suzeraineté indivise des comtes de Provence et de Toulouse, son organisation républicaine. Elle la perdit en 1251, après une tentative belliqueuse pour conquérir une plus complète indépendance, et fut cédée, en 1251, au comte de Provence.

La Provence elle-même, dont faisait partie la *Viguerie* (sous-comté) d'*Apt* et le *comté de Sault*, était, dès l'année 1245, passée par mariage à la maison d'Anjou, dont le chef, Charles Iᵉʳ, frère de saint Louis, devint en même temps roi de Naples.

Orange suivait des destinées particulières sous les dynasties de ses princes.

L'enclave de *Valréas* appartenait au Dauphiné.

---

(1) Le nom de *Comtat Venaissin* viendrait, suivant les uns, du village de *Venasque*, près de Carpentras; suivant les autres, de l'adjectif latin *avenicinus* ou *avenenensis* (avignonais), bien que la ville d'Avignon n'y fût pas comprise.

IV. — MOYEN AGE (Suite). — LES PAPES A AVIGNON

En 1309, le pape français *Clément V* (Bertrand de Got), tout dévoué à Philippe le Bel, qui avait obtenu de lui la condamnation des Templiers, fixa sa résidence à Avignon, qui appartenait encore au roi de France.

A sa mort, le Conclave (assemblée des cardinaux) s'assembla à Carpentras. Des troubles et des violences interrompirent ses délibérations. Il se réunit alors à Lyon, où *Jean XXII* fut élu.

Jean XXII (1316-1334) acquit du dauphin de Vienne la ville de *Valréas* qui devint ainsi une sorte d'annexe du Comtat Venaissin.

En 1334, *Benoit XII*, élu à Avignon, lui succéda. Il commença la construction de l'immense et massif palais des papes, qui ne fut achevé qu'en 1370.

Il fut remplacé en 1342 par *Clément VI*, que le poète Pétrarque et le tribun italien Rienzi, rendu un instant maître de Rome, vinrent vainement supplier de retourner dans cette ville.

Ce fut Clément VI qui, en 1348, acheta de Jeanne de Naples (reine de Naples et comtesse de Provence) la ville d'*Avignon*. Mais Avignon ne fut pourtant pas englobé dans le *Comtat Venaissin*, dont *Carpentras* demeura la capitale.

Son successeur fut *Innocent VI* (1352-1367). Une peste désola son règne. Il fit élever les fortifications qui, restaurées depuis, entourent encore Avignon.

Sous son successeur *Urbain V* (1367-70), ces fortifications protégèrent la ville contre les Grandes Compagnies, conduites par Duguesclin.

Le successeur d'Urbain V fut *Grégoire XI* qui, menacé par les habitants de Rome de l'élection d'un autre pape, quitta définitivement Avignon pour retourner à Rome (1377).

Cette période de soixante-huit ans (1309-1377), pendant laquelle les papes résidèrent à Avignon dans une dépendance plus ou moins grande du roi de France, fut appelée la *Captivité de Babylone*. C'est une allusion à la réduction des Juifs en esclavage par Nabuchodonosor qui les transporta à Babylone, où ils demeurent captifs pendant un temps à peu près égal (soixante-dix ans).

Mais Avignon ne cessa pas encore d'être une résidence papale. A la mort de Grégoire XI, deux papes furent élus : l'un, *Urbain VI*, reconnu par l'Italie, l'Autriche, l'Angleterre, résida à Rome ; l'autre, *Clément VII*, frère de Raymond V, prince d'Orange, reconnu par la France, l'Ecosse, la Sicile et Chypre, résida à Avignon.

Ce dernier eut pour successeur à Avignon *Benoît XIII* (Pierre de Luna) qu'abandonnèrent peu à peu tous ses partisans. Le roi de France, Charles VI, pour le contraindre à déposer la tiare, envoya le maréchal de Boucicaut l'assiéger dans Avignon. Benoît XIII, après une courageuse défense, fut contraint de s'échapper pour éviter d'être pris (1398).

A partir de cette époque, Avignon fut gouverné par les légats, puis par des *vice-légats*, qui l'administrèrent au nom du pape de Rome.

Cette période, pendant laquelle deux souverains pontifes se partagèrent la chrétienté, a été appelée le *grand schisme d'Occident*. Après la mort de Benoît XIII, cette situation douloureuse pour l'Eglise se prolongea avec d'autres anti-papes (1) jusqu'en 1449.

Avignon connut sous la domination pontificale une grande prospérité. Elle fut dotée de beaux et nombreux édifices ; sa population s'accrut et s'enrichit.

V. — HISTOIRE MODERNE. — LES DERNIERS PRINCES D'ORANGE. — PREMIÈRE ANNEXION PARTIELLE (APT ET SAULT) — LES GUERRES DE RELIGION. — DEUXIÈME ANNEXION PARTIELLE (ORANGE).

Cependant la principauté d'Orange était depuis 1373 aux mains d'une nouvelle dynastie. Raymond V, frère de Clément VII, avait été le dernier prince de la *maison*

---

(1) On appelle *anti-papes* les pontifes contestés, en opposition avec le pape généralement reconnu. Urbain VII et Benoît XIII furent des anti-papes.

des *Baux*. Il n'avait laissé qu'une fille qui fit passer par mariage la principauté à la *maison de Châlons*.

Cette maison fut sans cesse en guerre contre la monarchie française.

Le second de ses princes, Louis Ier, allié de l'Angleterre (1418-1463), soutint le parti bourguignon dans la lutte entreprise par Charles VII pour conquérir son royaume, que lui ravissait le *traité de Troyes* (1420).

Un de ses successeurs, Jean II, s'engagea dans la ligue féodale formée contre Charles VIII pendant sa minorité. Il prit part à la *guerre folle* et fut fait prisonnier à *Saint-Aubin-du-Cormier* (1488).

Son fils Philibert, dont François Ier voulait prendre les États, se jeta dans le parti de Charles-Quint et fut d'abord fait prisonnier. Délivré par le *traité de Madrid* (1526), on le retrouve au siège de Rome où, après la mort du connétable de Bourbon, il prend le commandement de ses troupes (1527) et saccage la ville. Il fut tué trois ans après au siège de Florence. Comme il ne laissait point d'enfants, n'ayant pas été marié, la principauté passa aux mains de son neveu, qui fonda la dynastie des *Nassau*.

Pendant ce temps, et dès 1481, sous Louis XI, les territoires d'Apt et de Sault, avec la Provence, dont ils faisaient partie, avaient passé, par héritage, de la maison d'Anjou au domaine royal.

Cette partie du département fut particulièrement éprouvée par les luttes religieuses.

Les *Vaudois*, secte religieuse qui tirait son nom de celui de son fondateur, Pierre Valdo ou de Vaux, persécutés comme hérétiques à l'époque des Albigeois et chassés du Dauphiné, vinrent se réfugier dans les montagnes du Piémont et dans la vallée inférieure de la Durance. Ils étaient ennemis de la hiérarchie ecclésiastique et demandaient que l'église revînt à sa pauvreté primitive. Tranquilles d'ailleurs et de mœurs pures, ils vivaient depuis longtemps ignorés dans les pays où ils avaient fixé leur retraite, lorsque François Ier ordonna au Parlement d'Aix de les mettre en jugement. Ils furent condamnés à mort. Malgré les efforts du pieux Sadolet, évêque de Carpentras, Cabrières d'Aigues, Peypin d'Aigues, Mérindol, Lacoste, vingt-trois villages qu'ils avaient peuplés furent pillés et livrés aux flammes ; des horreurs sans nom furent commises et trois mille habitants massacrés (1545). Prélude affreux d'une atroce guerre civile !

Lorsque sous Charles IX commença la longue série des *guerres de religion*, les protestants de Provence se défendirent. Tandis que Montbrun, un de leurs chefs, saccageait *Sault* et qu'à *Mornas* le farouche calviniste baron des Adrets faisait sauter ses prisonniers du haut du rocher sur les piques de ses soldats, Serbelloni, légat du pape et chef du parti catholique, mettait à feu et à sang *Orange*, qui appartenait alors à la dynastie protestante des Nassau. La guerre continua de la sorte jusqu'à l'avènement de Henri IV.

C'est à cette dynastie des Nassau, la quatrième et dernière des princes d'Orange, qu'appartenaient Guillaume le Taciturne, fondateur de la république des *Provinces-Unies* (Hollande), et Guillaume VIII, gendre de Jacques Ier, roi d'Angleterre, qui devint roi d'Angleterre lui-même sous le nom de Guillaume III.

A sa mort (1702), comme il ne laissait point d'enfants, Louis XIV, qui avait déjà occupé le château d'Orange, grâce à la trahison du gouverneur (1660), s'empara de la ville dont la réunion à la France fut confirmée par le *traité d'Utrecht* (1713).

Il abandonna pourtant à l'héritier légitime, Louis de Conti, les droits et revenus de la principauté, se réservant seulement l'hommage et la souveraineté. Mais, en 1734, il y eut cession complète, et à partir de ce moment la *principauté d'Orange* fut définitivement annexée à la France et englobée dans le Dauphiné.

Dans l'intervalle, le roi avait exercé contre les réformés des Cévennes réfugiés à Orange les mêmes persécutions qui avaient marqué dans le reste du royaume la *révocation de l'édit de Nantes* (1685), et rasé les fortifications de la ville.

D'autre part, quelques années auparavant, le même roi, à la suite de divers démêlés avec le pape, avait fait à plusieurs reprises occuper, en manière de menace, Avignon et le Comtat, mettant ainsi, comme on l'observe souvent dans l'histoire, ses intérêts politiques au-dessus de ses sentiments religieux.

En 1768, Louis XV en fit autant en réponse à l'excommunication du duc de Parme, allié de la France.

VI. — LA RÉVOLUTION — ANNEXION D'AVIGNON ET DU COMTAT — GUERRE ET TROUBLES CIVILS.

Cependant 1789 approchait. Avignonais et Comtadins (habitants du Comtat), quoique n'étant pas encore Français, suivirent le mouvement, et demandèrent des réformes.

Le pape consentit à l'élection des États-généraux de la province, et cette assemblée adopta toutes les grandes mesures prises par l'Assemblée Constituante. Elle poussa même l'imitation jusqu'à partager son étroit territoire en quatre départements, savoir : de l'Aygues (chef-lieu Valréas) ; de l'Auzon (chef-lieu Carpentras) ; de l'Ouvèze (chef-lieu Vaison) ; et de Vaucluse (chef-lieu Cavaillon). Le Comtat devenait ainsi une sorte de petit royaume constitutionnel sous l'autorité du pape.

Pourtant l'annexion de ce pays, français de langue et de mœurs, à la patrie française, devenait imminente, en dépit des tendances séparatistes qui y dominaient encore.

Déjà le parti français l'emportait à Avignon. Devançant les Comtadins, les Avignonais, au milieu de scènes de violences et de désordres les plus regrettables, votèrent leur réunion à la France et chassèrent le vice-légat (1790), qui se réfugia à Carpentras.

Les rivalités du parti français et du parti papiste ou italien aboutirent bientôt à une lutte ouverte. L'assassinat de Lavillasse, maire de Vaison, par les séparatistes, fait éclater les hostilités. Les Avignonais assiègent *Carpentras*. Les communes du haut Comtat, dont les représentants se réunissent à *Sainte-Cécile*, envoient des secours à leur capitale. Cette petite armée est arrêtée et battue à *Sarrians* qui est livré au pillage. *Cavaillon*, pris, subit le même sort. Les communes du sud, l'Isle, Pernes, Velleron, le Thor, Bédarrides, etc., passèrent alors au parti français.

Cependant Carpentras résistait encore. L'anarchie était affreuse dans le Comtat. L'Assemblée nationale la prolongea en refusant une première fois l'annexion : la droite et le centre, dont les voix avaient formé la majorité, ne voulaient pas déposséder le pape (mai 1791).

Pourtant, la situation devenant de plus en plus douloureuse, trois médiateurs furent envoyés pour s'interposer entre les belligérants. Les préliminaires de paix furent arrêtés à *Orange*. Les quatre-vingt-dix-huit communautés qui formaient les deux États furent invitées à voter sur la question de leur réunion à la France. Soixante et onze seulement se prononcèrent, sur lesquelles cinquante-deux votèrent pour et dix-neuf contre. Enfin, le 14 septembre 1791, l'Assemblée nationale sanctionna ce vote en promulguant, malgré les protestations des députés de la droite, le décret de réunion.

Mais cette mesure tardive ne mit pas fin aux troubles. L'assassinat d'un sieur Lescuyer, membre distingué du parti républicain, amena d'atroces représailles. Soixante victimes furent enfermées dans le palais des papes, assommées, puis précipitées dans le gouffre de la Glacière. Un sieur Jourdan, qui avait commandé l'armée avignonaise dans la guerre comtadine, dirigeait les exécutions. Il a été flétri du nom significatif de *coupe-tête*.

Les troubles continuèrent encore sur divers points du département. A *Orange*, la guillotine était dressée en permanence sur la promenade qui borne la ville à l'ouest. A *Bédoin*, où un arbre de la liberté avait été abattu, la population subit les horreurs de l'incendie et du massacre, et la commune fut supprimée en manière de flétrissure et de proscription. L'année suivante, ce malheureux village fut relevé de ses ruines et solennellement réhabilité par la Convention elle-même (1794-95).

Mais la Convention avait de plus redoutables ennemis que d'inoffensives bourgades ou quelques suspects isolés. A l'imitation des Vendéens, les royalistes du midi avaient pris les armes. Les Marseillais envahirent *Avignon* dans des circonstances où se place le dévouement du jeune Viala (Voir la 2ᵐᵉ partie). Ils en furent chassés grâce au concours tout accidentel de Bonaparte, alors officier d'artillerie, qui se trouvait de passage dans le pays. Avec deux canons placés sur les hauteurs de *Villeneuve* il démonta l'artillerie qui occupait le *Rocher des Doms*. Ce fut son premier fait d'armes.

Le traité de *Tolentino* (février 1797), conclu avec le pape quelques mois avant celui de *Campo-Formio*, confirma l'annexion à la France de l'État d'*Avignon* et du *Comtat Venaissin*.

Cette annexion, qui était un fait accompli depuis cinq ans, avait donné lieu à divers remaniements territoriaux. D'abord Carpentras avec le nord du Comtat avaient formé le *district* (arrondissement) de l'Ouvèze, provisoirement réuni à la Drôme, tandis qu'Avignon avec le Bas-Comtat étaient rattachés aux Bouches-du-Rhône.

En 1793, le nouveau département fut définitivement créé sous le nom de *Vaucluse* avec la délimitation actuelle. Pourtant Valréas ne formait pas une enclave isolée. Ce canton se trouvait réuni au reste du département par suite de l'englobement de quelques communes voisines qui n'appartenaient pas au Comtat et furent pour cette raison restituées à la Drôme en 1800.

L'Ile de la *Barthelasse* avait été laissée au département du Gard. Elle n'en a été détachée, pour être réunie à celui de Vaucluse, qu'en 1856.

VII. — PÉRIODE CONTEMPORAINE

Les excès commis dans les deux camps pendant l'époque révolutionnaire eurent un sanglant épilogue après le rétablissement de Louis XVIII sous la *Terreur blanche* (1815). Le maréchal Brune, chargé par l'empereur d'un commandement en Provence, rentrait à Paris après Waterloo. Il s'arrêta dans Avignon. Faussement accusé par un pamphlétaire anglais d'avoir été l'un des assassins de la princesse de Lamballe, amie de Marie-Antoinette, une populace de royalistes exaltés conduite par le farouche Dupont, dit *Trestaillons* (trois morceaux), entoure l'hôtel où il s'était réfugié, place Crillon, et le jette au Rhône (2 août 1815).

Depuis ces temps troublés les guerres civiles n'ont plus ensanglanté le département. Pourtant, lors du coup d'État du 2 décembre 1851, beaucoup de descendants de ces populations qui avaient si souvent lutté pour leur indépendance se levèrent pour soutenir la constitution républicaine. Ils furent déportés en masse à Cayenne et à Lambessa.

Telle est, simplement et sommairement exposée, l'histoire du département de Vaucluse. Quand on considère les agitations, les luttes sans nombre qui ont si cruellement déchiré à plusieurs reprises ce riant et beau pays, on doit considérer comme heureuse et bénie en comparaison la période de paix et de liberté que nous traversons.

PERSONNAGES REMARQUABLES

DU

DÉPARTEMENT DE VAUCLUSE

I. — ÉCRIVAINS

TROGUE-POMPÉE. — Trogue-Pompée, historien latin, naquit, dit-on, à Vaison, sous le règne d'Auguste. Il avait composé une histoire universelle intitulée *Philippique*, parce que l'histoire de Philippe, roi de Macédoine, y tenait une large place. Cet ouvrage ne nous est pas parvenu, mais il nous en reste un abrégé, ou plutôt une suite d'extraits, que nous a transmis un historien postérieur, Justin. Trogue-Pompée avait écrit aussi une *Histoire des animaux* à laquelle Pline, le grand naturaliste latin, a fait de précieux emprunts.

Trogue-Pompée mourut à Rome, quelques années avant le règne de Tibère.

RAMBAUD DE VACQUEYRAS. — Rambaud de Vacqueyras, que quelques-uns appellent Rambaud de Vachères, et font naître à Vachères, près de Forcalquier, naquit, suivant l'opinion générale, à Vacqueyras, au xiie siècle. Ce fut un des types les plus complets des chevaliers poètes du moyen âge. Attaché d'abord en qualité de troubadour à la personne du prince d'Orange, il passa ensuite à la cour du marquis de Montferrat (Haute-Italie), dont il épousa la sœur. Il prit part avec celui-ci à la quatrième croisade et devint gouverneur de Salonique, où il mourut, dit-on, vers 1226.

On a de lui vingt-huit pièces poétiques dont plusieurs sont très remarquables.

PÉTRARQUE. — Pétrarque (François) naquit à Arezzo (Toscane), en 1304. Sa famille, proscrite de Florence, comme attachée à la faction gibeline, se réfugia à Avignon, auprès du pape Clément V, qui venait de s'y fixer. Pétrarque étudia les lettres à Carpentras, et le droit à Montpellier, puis à Bologne (Italie). Revenu à Avignon après la mort de son père, il se prit d'une passion idéale pour la belle Laure de Noves, mariée à un échevin, Hugues de Sade (1). Ne pouvant arracher de son cœur cet amour sans espoir, il voyagea, puis entra dans les ordres, puis se fixa dans la grandiose solitude — aujourd'hui si peuplée — de la fontaine de Vaucluse. Sa passion lui inspira des *sonnets* et des *canzoni*, qui sont la part la plus durable de sa renommée. Ses contemporains apprécièrent davantage un poème latin qu'il avait fait sur l'histoire des guerres puniques et pour lequel il alla se faire couronner en grande pompe à Rome. A cette occasion, les Romains le chargèrent de négocier le retour de Clément VI dans leur ville : il échoua. En 1348, la mort de Laure, emportée par la peste, lui inspira de nouveaux chefs-d'œuvre. Il retourna en Italie et mourut à Arqua (près de Padoue), en 1374. On le trouva sans vie, la tête penchée sur un livre ouvert.

Au point de vue littéraire, Pétrarque a donné de la pureté et de l'élégance à la langue italienne. Il est à cet égard, avec Dante, un des précurseurs de la Renaissance. On lui doit en outre la découverte d'importants manuscrits de Quintilien et de Cicéron égarés jusqu'alors.

La ville d'Avignon a célébré avec pompe son cinquième centenaire en 1874.

SABOLY. — Saboly (Nicolas) est né à Monteux, vers 1614. Prieur d'une chapelle à Carpentras, il fut en-

---

(1) C'est du moins une des légendes relatives à la célèbre Laure, dont certains vont jusqu'à nier l'existence.

suite organiste à l'église Saint-Pierre, d'Avignon. Il a composé des *Noëls* provençaux très populaires encore de nos jours et qui peuvent être considérés comme les modèles du genre. Saboly mourut à Carpentras, en 1675.

En 1875, un buste lui a été élevé sur une place publique de sa ville natale.

FLECHIER. — Fléchier (Esprit) naquit à Pernes en 1632, d'une famille obscure. Son père était meunier, suivant les uns, fabricant de chandelles, selon les autres. Il fut élevé à Paris auprès de son oncle maternel, Hercule Audiffret, général des doctrinaires (religieux de la Doctrine chrétienne). Etant lui-même entré dans les ordres, il professa la rhétorique à Narbonne, puis revint à Paris, où il fut simple catéchiste dans une paroisse. Introduit à l'hôtel de Rambouillet, il s'y fit remarquer par son talent et ses manières et fut nommé lecteur du Dauphin. Il se livra alors au ministère de la chaire. Ses sermons furent remarqués, mais ce sont surtout ses oraisons funèbres qui l'ont illustré. Il prononça celles de la duchesse d'Aiguillon, de Turenne, du premier président Lamoignon, de la reine Marie-Thérèse, du chancelier Le Tellier, etc. La plus célèbre est celle de Turenne, qui l'a fait comparer à Bossuet. La vérité c'est que, sans avoir le génie sublime et primesautier du grand orateur, Fléchier brille surtout par l'élégance, la pureté, l'harmonie du style, qualités rares et précieuses sans doute, mais qui dénotent plus de travail et d'art que de véritable inspiration. On lui doit encore, parmi d'autres ouvrages, une *Histoire de Théodose* écrite pour le Dauphin. Il entra à l'Académie en 1774.

En 1685, il fut nommé évêque de Lavaur, et, trois ans après, évêque de Nîmes. Dans ce diocèse, principal foyer de la foi calviniste, il s'efforça d'adoucir, par son esprit de tolérance et de charité, les mesures de rigueur prises contre les protestants à la suite de la révocation de l'édit de Nantes.

Il mourut en 1710.

ARNAUD. — Arnaud (François) naquit à Aubignan, près de Carpentras, en 1721. Elevé au collège de cette dernière ville, dirigé alors par des Jésuites, il embrassa l'état ecclésiastique, moins par vocation qu'à cause des loisirs qu'il comptait trouver dans le sacerdoce. Il s'adonna donc tout entier à l'étude, passant toutes ses journées dans la riche bibliothèque dont l'évêque d'Inguimbert venait de doter la ville de Carpentras. Il acquit de la sorte une connaissance très profonde de la littérature latine et grecque. Il était, en outre, très versé dans l'art musical. Ayant quitté la province pour le séjour de Paris, il soutint contre Marmontel une polémique très vive à l'occasion du débat élevé entre les Gluckistes et les Piccinistes. Arnaud s'était fait le champion de Gluck, c'est-à-dire de la musique allemande, contre Piccini et la musique italienne, celle-ci, plus méthodique, mais parfois aussi un peu banale, celle-là, plus savante et d'une plus puissante harmonie.

Ses nombreux écrits de critique littéraire ou artistique, dont aucun ne forme un corps d'ouvrage considérable, le firent nommer membre de l'Académie des inscriptions et belles-lettres. En 1765, l'évêque d'Orléans lui donna l'abbaye de Grandchamp. Plus tard, il devint lecteur et bibliothécaire de Monsieur (qui fut Louis XVIII). En 1771, il entra à l'Académie française, où il prononça un discours remarquable sur le *Caractère des langues anciennes comparées à la langue française*. Il mourut en 1784.

Les *Œuvres complètes* d'Arnaud comprennent, sous le nom de *Variétés littéraires*, un recueil très important d'articles sur des questions d'art ou de littérature, et de nombreux *Mémoires* sur des sujets analogues.

AUBANEL. — Aubanel (Joseph-Marie-Jean-Baptiste-Théodore) naquit à Avignon, en 1829, d'une famille d'imprimeurs, investie du privilège unique, paraît-il, d' « imprimeurs de Sa Sainteté. » Il étudia au petit séminaire d'Avignon et, encore écolier, s'exerça à écrire des vers français déjà remarquables. Des amis de sa famille, qui avaient créé le mouvement littéraire provençal, l'enrôlèrent sous la bannière du *félibrige*. Aubanel écrivit alors ses vers dans l'idiome populaire. Il s'était déjà fait connaître par sa collaboration à l'Armana prouvençau lorsqu'il publia ses *Provençales* et sa

Mióugrano entre-duberto (la grenade entr'ouverte). Le succès fut considérable et plaça Aubanel à côté de Mistral et de Roumanille dont les trois noms furent dès lors toujours associés comme le symbole de la renaissance de la poésie provençale. Un autre recueil, *Li fiho d'Avignoun*, contenait des pièces dont le caractère déplut à quelques lecteurs. Cela lui suscita des tracasseries qui l'affectèrent profondément. Aubanel a laissé aussi des drames, dont l'un, le *Pain du péché*, a été traduit en vers français et mis à la scène par M. Paul Arène.

Aubanel est mort en 1882. On a donné son nom, à Avignon, à l'ancienne rue Saint-Marc où il est né, et, en 1887, les *félibres* lui ont érigé à Sceaux, où les poètes et les artistes méridionaux habitant Paris célèbrent chaque année les *fêtes de la Cigale*, un monument commémoratif.

II. — SAVANTS ET ÉRUDITS

CALVET. — Calvet (Esprit-Claude-François) naquit à Avignon, en 1728. Après avoir successivement étudié chez les Jésuites d'Avignon, puis de Lyon, il s'adonna à la médecine, et, ayant pris ses grades, il professa la physiologie à la Faculté de médecine qui existait alors à Avignon. Il voyagea beaucoup et fut en relation avec des princes et des savants étrangers. En 1791, il faillit être victime des troubles qui ensanglantèrent sa ville natale. Sa profession le sauva ; on considéra qu'il pouvait rendre d'utiles services pour combattre l'épidémie qui décimait la troupe. Peu après, malade et affaibli, il dut renoncer à l'exercice de son art et même aux occupations intelligentes qu'il s'était créées. Il languit encore quelques années et mourut en 1810.

Calvet ne fut pas seulement un médecin de valeur. C'était aussi un archéologue de grand mérite, un naturaliste et un philosophe. Il a laissé nombre d'écrits sur les points relatifs aux études si variées qui l'avaient occupé.

Mais ce qui recommande surtout son nom au souvenir reconnaissant des Avignonais, ce sont les legs magnifiques qu'il a faits à sa ville natale. C'est à lui qu'on doit la bibliothèque et le musée qui portent son nom. La cathédrale a reçu de lui une *Flagellation* d'argent massif et un merveilleux christ d'ivoire de plus d'un pied de haut. Calvet consacra en outre par testament toute sa fortune, à part quelques legs aux pauvres, à l'entretien des collections qu'il avait laissées, ainsi qu'à diverses institutions : fondation de prix (1) et pensions charitables.

FORTIA D'URBAN. — Fortia d'Urban (Agricol-Joseph-François-Xavier-Pierre-Esprit-Simon-Paul-Antoine de) naquit en 1756, à Avignon. Il fut tenu sur les fonts baptismaux par tous les magistrats municipaux de cette ville dont son père était viguier: de là la multiplicité de ses prénoms. Il étudia au collège de la Flèche et à l'École militaire. Nommé officier, les devoirs de sa charge ne l'empêchèrent pas de se livrer au goût extraordinaire qu'il avait pour les mathématiques. Un procès de famille l'obligea à faire un voyage à Rome où il s'attira la faveur du pape qui le fit colonel de ses milices dans le Comtat Venaissin. Privé de ses biens sous la Terreur, il se fixa à Paris en 1795 et se livra tout entier à l'étude.

On lui doit un grand nombre de travaux considérables d'histoire et de chronologie : *Vies de Xénophon, de Pétrarque, de Crillon; Histoire ancienne du globe; Sur les trois systèmes d'écriture des Égyptiens; Histoire antédiluvienne de la Chine; Recueil des itinéraires anciens*, etc., et une nouvelle édition augmentée de l'ancien et célèbre ouvrage : *l'Art de vérifier les dates*.

Fortia d'Urban fut élu en 1830 membre de l'Académie des inscriptions et belles-lettres et mourut en 1843.

PHILIPPE DE GIRARD. — Girard (Philippe de) naquit à Lourmarin, en 1775. Dès son enfance il montra des aptitudes extraordinaires pour la mécanique, fabriquant avec du papier toutes sortes de machines ingénieuses,

---

(1) Un prix de 100 francs, fondé par Calvet, est décerné tous les deux ans au jeune Avignonais âgé de moins de vingt-quatre ans, qui aura fait le meilleur dessin au crayon.

ou feuilletant, dès qu'il sut lire, des livres scientifiques. A quatorze ans, il avait déjà inventé une machine utilisant comme force motrice le mouvement des vagues de la mer. La Révolution survint qui le força de s'émigrer avec toute sa famille, et lui ravit tous ses biens. A l'étranger, au lieu, comme tant d'aristocrates fugitifs, de conspirer contre son pays, Philippe de Girard s'occupa de tirer parti, pour suffire aux besoins des siens, des prodigieuses ressources de son esprit. La période révolutionnaire terminée, il put enfin rentrer en France et recouvra une grande partie de sa fortune. Mais les capitaux dont il disposait furent engloutis dans des entreprises industrielles, que ruinèrent inopinément des mesures économiques prises par le gouvernement d'alors. Philippe de Girard ne se découragea pas, et, comme s'il lui suffisait d'avoir l'idée d'une invention pour la réaliser aussitôt, ses infatigables travaux l'amenaient à une foule de découvertes. L'art du statuaire lui devait déjà d'utiles machines ; il avait apporté de précieux perfectionnements aux machines à vapeur ; l'éclairage domestique, si défectueux à cette époque, fut amélioré par ses lampes à verre dépoli. L'électricité, l'optique lui offrent de nouvelles conquêtes. Même en mathématiques, il a inventé une machine à résoudre les équations.

Mais ce qui a surtout immortalisé Philippe de Girard, c'est son invention de la machine à filer le lin. Le gouvernement impérial promettait une prime de un million à l'auteur de cette découverte. Le père de Philippe de Girard lut la nouvelle dans le journal qu'il mit sous les yeux de son fils en lui disant : « Tiens, voilà qui te regarde. » Philippe de Girard, enflammé par l'espoir de la récompense promise, s'empare d'une loupe et d'une touffe de lin : le lendemain il avait conçu l'idée de sa machine. Il parvint, non sans beaucoup de peine à cause des déboursés que la chose entraînait, à la faire construire. Elle fonctionnait enfin, et Philippe de Girard allait toucher le prix qu'il avait mérité quand Napoléon tomba. Les Bourbons ne payèrent pas le million. Cette injustice lui fut cruelle. Le pauvre inventeur méconnu fut obligé d'aller exploiter ses procédés à Vienne, où le gouvernement autrichien l'appelait. De là, il passa en Pologne, où il fonda près de Varsovie une manufacture dont l'extension fut telle qu'il se forma autour une nouvelle ville appelée Girardoff. Son invention se répandait par toute l'Europe et surtout en Angleterre. Le mouvement gagna enfin la France, et les filatures de lin s'élevèrent en grand nombre dans le département du Nord, notamment à Lille, dont on connaît l'activité industrielle et la rapide prospérité.

Philippe de Girard a enrichi l'industrie d'une foule d'autres inventions. Les arts de la paix, aussi bien que ceux de la guerre, lui doivent d'importants progrès, et l'énumération de toutes ses découvertes tiendrait plus d'espace que n'en peut avoir cette courte biographie. Philippe de Girard revint en France en 1844. Il allait enfin recevoir une légitime récompense de tant d'utiles et glorieux travaux, lorsqu'il mourut en 1845.

En 1849, ce fut la République qui paya en partie aux descendants de l'ancien émigré la dette de la France : une pension fut assurée à ses héritiers. Ce n'était point assez. En 1882, une statue due au ciseau d'un éminent sculpteur, M. Guillaume, et généreusement offerte par lui, a été élevée au grand inventeur vauclusien, devant la gare, à l'entrée de la ville d'Avignon.

REQUIEN. — Requien (Esprit) naquit à Avignon, en 1788. Bien qu'il n'eût rien écrit, se contentant de fournir des matériaux aux savants, il jouit comme botaniste d'une réputation européenne. Il réunit d'immenses et précieuses collections d'histoire naturelle et de livres relatifs à cette science, et en fit don de son vivant à sa ville natale. On en a formé un riche et intéressant musée (Musée Requien), installé dans l'ancienne abbaye des Bénédictins.

Requien mourut en 1851.

RASPAIL. — Raspail (François-Vincent) naquit à Carpentras, le 29 janvier 1794. Elevé d'abord par un abbé, il termina son éducation au séminaire d'Avignon. Il refusa ensuite d'entrer dans les ordres et fut nommé professeur au collège de sa ville natale. Destitué par la Restauration pour une chanson qu'il avait composée à l'occasion du retour de l'île d'Elbe, il dut partir pour Paris afin de s'y créer une position. Mais ses opinions républicaines, qu'il manifestait ouvertement, le firent renvoyer des maisons d'éducation où il donnait les leçons qui le faisaient vivre. Il trouva pourtant quelques répétitions particulières, et tout en prenant part aux agissements des sociétés secrètes que la politique de la Restauration avait fait éclore, il fit son droit.

Mais c'est par ses connaissances en chimie et en botanique que Raspail mérite le titre de savant. Les publications scientifiques de cette époque étaient pleines de ses profondes recherches, et un Italien l'appelait le créateur de la chimie organique.

En 1830, la politique le ressaisit. Il fut blessé aux journées de Juillet. Décoré par Louis-Philippe, à qui il refusa pourtant, contre la règle, de prêter serment, il n'accepta pas les hauts emplois qu'on lui offrait. Sa propagande politique lui suscita une série de procès. Son journal, le Réformateur, qui vécut quinze mois, eut, en une vingtaine de condamnations, à payer près de 100,000 francs d'amendes. Raspail lui-même dut faire quinze mois de prison. Ces vicissitudes ne l'empêchaient pas de produire de nouveaux travaux scientifiques sur l'agriculture, la chimie organique et la physiologie végétale, et, dans le retentissant procès d'empoisonnement intenté à madame Lafarge, il combattit avec éclat, à la requête du défenseur, les conclusions du célèbre professeur Orfila, chargé de l'expertise. A partir de ce moment, il orienta principalement ses travaux vers la médecine et l'hygiène et crut trouver dans le camphre une sorte de remède universel. Il fit paraître encore de nombreuses publications, notamment son *Annuaire de la santé*, qui jouit pendant dix-huit ans d'une grande vogue, ainsi que son système de médication.

1848 trouva Raspail sur les barricades. Il prit le premier possession de l'Hôtel-de-Ville et, refusant encore les fonctions publiques qui lui furent offertes, il fonda un journal quotidien : L'Ami du Peuple. Le modérantisme du gouvernement lui déplut et, révolutionnaire d'ailleurs par tempérament, il prit encore part aux manifestations du 17 mai et du 16 avril. Il fut condamné pour ce fait, par la haute Cour de Justice, à cinq ans d'emprisonnement. Pendant ce temps, il avait été élu représentant du peuple et même porté comme candidat à la présidence de la République. Mais les suffrages des électeurs ne le tirèrent pas de prison. Il n'en sortit qu'en 1851 pour se retirer en Belgique et s'adonner exclusivement à la science.

En 1869, il fut élu député de Lyon contre Jules Favre et entra de nouveau dans l'arène politique. Un almanach, qu'il publia, le fit condamner en 1874 à un an de prison, qu'il subit alors âgé de 80 ans. Il fut réélu encore après le 16 mai avec les 363, mais sa santé ne lui permit plus de siéger.

Raspail est mort à Arcueil, près de Paris, en 1878. Sa maison natale, à Carpentras, porte une modeste plaque commémorative en souvenir de cet homme qui fut un savant et un grand caractère. Tout récemment une statue lui a été élevée à Paris.

III. — PERSONNAGES POLITIQUES

D'ALBERT-DE-LUYNES. — Albert-de-Luynes (Charles d') naquit à Mornas, ou, suivant d'autres, à Pont-Saint-Esprit (Gard), en 1578. Son père, descendant de l'ancienne famille des Alberti de Florence, était seigneur de Luynes (Bouches-du-Rhône), Cadenet, Brantes et Mornas (Vaucluse), et avait été investi, en 1757, du gouvernement de Pont-Saint-Esprit et d'autres places voisines. Présenté à la cour de Henri IV, le jeune Charles d'Albert-de-Luynes fut attaché, ainsi que ses deux frères, à la personne du Dauphin. Il plut beaucoup à celui-ci par son adresse à dresser des oiseaux à la chasse. Dès que Louis XIII fut monté sur le trône, l'élévation d'Albert-de-Luynes fut extrêmement rapide. Son ambition s'accrut d'autant, et, pour remplacer un jour Concini, il prit part aux complots qui furent dirigés contre celui-ci et qui aboutirent à son assassinat. Il jouit alors d'une faveur sans bornes. Sans aucun talent militaire, il fit rétablir à son profit la charge de connétable, et, pour justifier l'usurpation de cette dignité, il dirigea contre les protestants du Midi une expédition qui échoua honteusement devant Montauban. Il mourut peu après (1621), prévenant par sa mort une disgrâce qui n'aurait pas tardé à l'atteindre.

MAURY. — Maury, (Jean Siffrein), naquit à Valréas, d'un pauvre cordonnier, en 1748. Il fit ses études au séminaire de Sainte-Garde (près de Saint-Didier) et à celui de Saint-Charles, à Avignon. A 19 ans, quittant son pays, qu'il ne devait plus revoir, il se mit en route pour Paris, où il suivit au collège royal des leçons d'éloquence. Après avoir concouru deux fois aux prix de l'Académie sans obtenir de récompense, il présenta un *Eloge de Fénelon* qui lui valut un accessit. C'est vers cette époque qu'il fut ordonné prêtre. L'année suivante, il prononça devant l'Académie un *Panégyrique de saint Louis* et, en 1775, devant l'assemblée du clergé de France, un *Panégyrique de saint Augustin* qui firent sa réputation. Il devint prédicateur ordinaire du roi et, en 1785, il entrait à l'Académie française. L'assemblée des Etats du Comtat venaissin lui envoya une adresse de félicitations et vota l'impression de son discours de réception pour que ce document demeurât dans les archives du pays. C'est cette même année qu'il prononça son *Panégyrique de saint Vincent de Paul*, le plus remarquable de ses discours religieux. Elu député aux Etats-Généraux par le bailliage de Péronne, Roye et Montdidier (Somme), il tint tête, parfois non sans bonheur, à la foudroyante parole de Mirabeau. Les principes qu'il y défendait étaient ceux de l'Eglise et de la Royauté. Il fut opposé à l'annexion du Comtat à la France. Quand la Constituante fut dissoute, il émigra d'abord en Belgique et en Allemagne, puis à Rome. Le pape le sacra archevêque de Nice (*in partibus*), puis nonce à la diète qui allait s'assembler à Francfort pour l'élection de l'empereur. Le comte de Provence (qui fut Louis XVIII) lui écrivit à cette occasion pour l'inviter à bénir les drapeaux royalistes qui devaient marcher contre les drapeaux tricolores français; Maury s'en excusa. De retour à Rome, il fut élevé au cardinalat et reçut les deux évêchés réunis de Montefiascone et de Corneta. En 1798, lorsque l'armée française conduite par Bonaparte s'empara de Rome, Maury s'enfuit pour revenir l'année suivante lors de la retraite momentanée des Français. En 1800, le comte de Provence, agissant comme s'il était réellement sur le trône, le nomma par un acte chimérique son ambassadeur aués du Saint-Siège. Mais, Bonaparte étant devenu tout-puissant, Maury demanda et obtint en 1804 l'autorisation de rentrer en France. Deux ans après, il acceptait une place au Sénat et était fait premier aumônier du prince Jérôme. En 1810, Napoléon le nomma archevêque de Paris. Il occupa ce siège malgré la défense que lui en fit le pape par un bref que Maury prétendit plus tard n'avoir pas reçu. Mais, à la Restauration, repoussé par les Bourbons, exclu de l'Académie française sous prétexte de réorganisation, avec quelques autres membres de cette compagnie, Maury retourna à Rome où le pape lui fit expier sa désobéissance par quelques mois d'emprisonnement au château Saint-Ange. Il dut, pour se réconcilier avec le souverain pontife, abandonner son évêché de Montéfiascone.

Maury mourut en 1817.

Il a laissé, outre ses *divers Discours*, un *Essai sur l'éloquence de la Chaire*, qui est devenu classique.

PERDIGUIER. — Perdiguier (Agricol) naquit à Morières, près Avignon (1805). Il était le septième enfant d'une famille nombreuse et pauvre. Son père, ancien soldat de la République, menuisier de village, ne put lui faire donner qu'une très médiocre éducation, et le jeune Agricol sortit de l'école sachant à peine lire, mais animé d'un ardent désir de s'instruire. En 1815, il faillit être victime, avec toute sa famille, des excès de la Terreur blanche. Il fit son tour de France comme menuisier et fut reçu *compagnon*. Ses mérites l'avaient fait surnommer Avignonnais-la-Vertu. Tous les jours, après treize heures de travail manuel, il passait ses veillées à s'instruire seul. Il publia sur le compagnonnage divers ouvrages où il exposa, avec franchise, les avantages et les défauts de cette institution. En 1848, il fut élu représentant du peuple dans la Seine et dans Vaucluse et opta pour le premier de ces départements. Réélu à la Législative, il vota toujours avec l'extrême-gauche. A la suite du coup d'État, il fut exilé en Belgique et interné à Anvers. De là il passa en Suisse, puis revint en France, en 1857, et se fixa à Paris. Définitivement retiré de la vie politique, il se fit libraire et consacra encore ses loisirs à écrire sur le compagnonnage et la classe ouvrière.

Perdiguier mourut à Paris, en 1875.

IV. — ARTISTES

MIGNARD (les). — *Mignard (Nicolas)* naquit à Troyes, vers 1608. Il se nommait More de son vrai nom, mais on raconte qu'Henri IV ayant rencontré un jour son père, Pierre Moro, avec ses cinq frères, tous beaux jeunes hommes, dit: « Ce ne sont point des Mores, mais des Mignards. » Le nom resta à la famille. Nicolas Mignard étudia d'abord la peinture à Troyes, mais c'est surtout en présence des travaux illustres du palais de Fontainebleau qu'il sentit s'éveiller son talent. Il alla se perfectionner en Italie et, à son retour, se fixa à Avignon. Le musée Calvet et divers couvents de cette ville, ainsi que plusieurs églises du département, possèdent de ses tableaux qui se distinguent par une grande et large facture et un coloris brillant. Il fut membre de l'Académie de peinture et mourut en 1668. On l'appelle quelquefois « Mignard d'Avignon. »

Pierre Mignard, frère du précédent, dit *le Romain*, à cause du long séjour qu'il fit à Rome, naquit à Troyes, en 1610. Il a laissé dans la peinture un nom plus illustre encore que Nicolas. C'est lui qui peignit la fresque du Val-de-Grâce, célébrée par Molière. Le musée Calvet et le lycée d'Avignon possèdent de ses œuvres qui se font admirer par le charme du coloris, malgré une certaine affectation appelée mignardise. C'est d'après ses dessins qu'a été reconstruit le magnifique Hôtel-Dieu d'Avignon. Pierre Mignard devint directeur de l'Académie de peinture et premier peintre du roi. Il mourut en 1695.

Un autre *Pierre Mignard*, fils de Nicolas, né à Avignon, en 1640, fut peintre et architecte. Comme peintre il a laissé plusieurs tableaux de sainteté. Comme architecte il restaura l'abbaye de Montmajourd, près d'Arles, et la façade de l'église Saint-Nicolas à Paris. Il fut un des six fondateurs de l'Académie d'architecture et mourut à Paris, en 1725.

PARROCEL (les). — La famille des Parrocel a fourni toute une pléiade de peintres célèbres. *Barthélemy Parrocel*, peintre médiocre, mort à Brignoles en 1660, laissa trois fils. L'aîné mourut jeune. Le second, *Louis*, fut un peintre de valeur. Le troisième, *Joseph*, le plus célèbre de toute la famille, naquit à Brignoles, en 1648, et mourut à Aix, en 1704. — Louis eut deux fils, peintres également : *Ignace*, qui travailla pour le prince Eugène, et *Pierre*. — Les deux fils de Joseph, *Charles* et *Etienne*, furent peintres aussi. — Enfin Pierre eut pour fils *Joseph-Ignace*, dernier représentant de la gloire héréditaire attachée au nom des Parrocel.

Le seul dont nous ayons à nous occuper ici, comme se rattachant à l'histoire biographique du département de Vaucluse, est *Pierre*, fils de Louis.

Pierre *Parrocel* naquit à Avignon, en 1664. Il fut d'abord l'élève de son oncle Joseph, puis alla se perfectionner à Rome. A son retour, il parcourut le Languedoc, la Provence et le Comtat-Venaissin, laissant partout des preuves de son talent. Il a peint surtout des tableaux de sainteté. Beaucoup d'églises du département, notamment celles de Valréas, L'Isle, Carpentras, Avignon, possèdent de ses toiles, auxquelles on ne peut reprocher que d'être trop gracieuses pour le caractère des sujets qu'elles représentent. Son œuvre la plus considérable est une *histoire de Tobie* formant une série de seize tableaux qui ornent l'hôtel du duc de Noailles, à Saint-Germain-en-Laye.

Pierre Parrocel fut membre de l'Académie royale de peinture et mourut à Paris, en 1739.

MADAME FAVART. — Benoîte-Justine, née Favart du Ronceray, naquit à Avignon, en 1727. Fille d'un musicien et d'une cantatrice, elle s'adonna au théâtre. Elle y acquit une grande réputation comme cantatrice, comédienne et danseuse. Elle épousa l'auteur dramatique Favart, à qui on attribue la création d'un genre éminemment français : l'*Opéra-comique*. Ce mariage la mit en butte à des persécutions dont l'histoire est toute romanesque. C'est, paraît-il, madame Favart qui, rompant avec les traditions de son temps, suivant lesquelles les bergères ne portaient que des robes de gaze et des souliers de satin, osa la première les représenter vêtues [de] grosse laine et chaussées de sabots. Elle a collaboré [à] quelques-unes des œuvres de son mari.

Madame Favart mourut en 1772.

TRIAL. — Trial (Antoine) naquit à Avignon, en 1736. Il se fit comédien et a laissé son nom aux rôles de ténors comiques du genre de ceux qu'il remplissait au Théâtre-Italien, à Paris. Il mourut en 1795.

DUPLESSIS. — Duplessis (Joseph-Siffrein) naquit à Carpentras, en 1725. Son père, qui avait quitté la chirurgie pour s'adonner à la peinture, le fit instruire dans cet art, par un religieux, peintre estimé, retiré à la Chartreuse de Villeneuve-lès-Avignon. Après 4 ans de séjour à Rome, il revint dans sa patrie, où il s'adonna au portrait. Son talent lui ouvrit les portes de l'Académie de peinture, où il entra en 1774. Vingt ans plus tard, il fut nommé administrateur du musée de Versailles. Ces fonctions lui offrirent l'occasion de restaurer une foule de toiles des plus grands maîtres, en même temps que, grâce à la découverte qu'il avait faite pour détruire, sans altérer le marbre, le lichen qui poussait dans les pores de la pierre, il préservait de la sorte les statues du parc des mutilations du temps. Parmi les plus célèbres portraits peints par Duplessis on cite ceux de l'abbé Arnaud, de Gluck, de Marmontel, de Franklin, de M. et madame Necker, etc.

Le musée de Carpentras lui doit la conservation d'un grand nombre d'objets d'art qu'il sauva du vandalisme en les restaurant et en les cataloguant. On y voit encore son propre portrait et le portrait célèbre de l'abbé Arnaud, généreusement offerts par lui.

Duplessis mourut en 1802.

ARTAUD. — Artaud (Antoine-Marie-François) naquit à Avignon, en 1767. Après avoir étudié à Orange, puis à Valence, il fut envoyé à Lyon, chez un fabricant d'étoffes, pour y apprendre le commerce. La vue de modèles ingénieusement dessinés et nuancés éveilla en lui le sens de l'amour des arts. Il se fit peintre et alla à Paris, où l'examen de quelques poteries anciennes lui révéla sa vocation archéologique. Il partit pour l'Italie, étudia les monuments de Rome, de Pompéï, d'Herculanum. De retour à Lyon, il fut nommé directeur de l'école de peinture et du musée du Palais Saint-Pierre. Bientôt après, l'Institut l'admit dans son sein. Obligé, après les événements de 1830, de résigner ses fonctions, il quitta Lyon et vint se réfugier à Avignon, puis à Orange, où il mourut en 1838.

Artaud a laissé de nombreux écrits sur l'archéologie. Mais ce n'est pas seulement pour la valeur de ses ouvrages que sa mémoire mérite d'être conservée. Il a légué à la ville d'Orange, avec une somme de 20.000 fr., sa maison, à la condition qu'on en ferait un musée. Outre d'autres legs faits à la même ville, ainsi qu'à divers établissements de bienfaisance, il a consacré par testament le revenu de deux autres maisons qu'il possédait à Avignon, moitié à l'achat de pièces archéologiques, moitié à la fondation d'un cours d'architecture dans cette ville. Il a en outre fait de nombreux dons au musée d'Avignon ainsi qu'à celui de Lyon.

BIDAULD. — Bidauld (Jean-Joseph-Xavier) naquit à Carpentras, en 1758. Initié par son frère aîné à l'art de la peinture, il ne tarda pas à se faire une petite clientèle d'élèves. En 1783, il alla se fixer à Paris et commença, après des débuts pénibles, à s'y faire apprécier. Il passa ensuite 5 ans à Rome pour s'y perfectionner par l'étude des œuvres des maîtres, puis revint à Paris, en 1790, dans la pleine maturité de son talent. Beaucoup de ses tableaux — des paysages historiques pour la plupart — ont obtenu des prix dans les concours officiels et ornent le musée du Luxembourg ou d'autres galeries célèbres. Ses œuvres sont remarquables par la finesse et le coloris : on voudrait seulement y trouver un peu plus de sentiment poétique.

Bidauld fut élu membre de l'Institut en 1824. Il mourut en 1846.

CASTIL-BLAZE. — Blaze (François-Henri-Joseph), connu sous le nom de Castil-Blaze, naquit à Cavaillon, en 1784. Il fut successivement avocat, sous-préfet et inspecteur de la librairie à Avignon, emploi qui fut supprimé à la Restauration. Très versé dans l'art musical, auteur de nombreuses romances et de pièces fugitives, il abandonna tout à coup l'administration pour suivre la carrière artistique.

Il a composé quelques morceaux de chant et de musique instrumentale. Il a rédigé pendant de longues années la chronique musicale dans des journaux importants et a laissé divers ouvrages sur l'histoire de la musique, savoir : *De l'Opéra en France*; *Dictionnaire de musique moderne*; *Théâtres lyriques de Paris*; *Molière musicien*, etc... Il avait même soumis à l'Académie des sciences un mémoire sur une horloge dont la sonnerie eût permis de distinguer par des différences de timbre les heures des demies et des quarts, et celles du matin de celles du soir.

Mais ce qui fait surtout sa célébrité c'est d'avoir traduit et adapté à la scène française des *livrets* ou poèmes d'opéras étrangers : *les Noces de Figaro*, de Mozart; *le Barbier de Séville*, *Othello*, *Moïse*, de Rossini, *Euryanthe*, le *Freyschutz* (Robin des Bois), de Weber, etc, et d'avoir ainsi contribué à rendre ces chefs-d'œuvre si populaires en France.

Castil-Blaze mourut en 1857.

VERNET (les). — *Claude-Joseph Vernet* naquit à Avignon, en 1714. Il reçut de son père les premières notions de la peinture, alla se perfectionner à Rome et, revenu en France après une absence de vingt-deux ans, il fut considéré comme le premier peintre de marine de l'Europe. Louis XV le chargea de représenter les ports principaux du royaume. Dans une traversée qu'il fit à cette occasion, une tempête s'étant élevée, il voulut qu'on l'attachât au mât du navire pour en tracer l'esquisse. Son petit-fils, M. Horace Vernet (voir ci-après), a reproduit cette scène dans un tableau. Le Louvre possède de nombreuses toiles de Joseph Vernet. Son chef-d'œuvre est le *Soir* ou la *Tempête*. Joseph Vernet a produit beaucoup. Ses tableaux se distinguent par un style pittoresque uni à la plus rigoureuse exactitude. Il jouit toute sa vie des faveurs de la vogue et mourut à Paris, en 1789.

Antoine-Charles-Horace Vernet, (dit *Carle* Vernet),

fils du précédent, naquit à Bordeaux, en 1758. Il obtint le grand prix de Rome en 1782, et entra à l'Académie de peinture en 1788. Bien qu'il excellât à peindre des animaux, il se livra à la peinture des batailles. Il a peint celles de Rivoli, Marengo, Austerlitz, etc. On a encore de lui quelques portraits remarquables : (Napoléon, le duc de Berry) et des caricatures de mœurs populaires d'un spirituel crayon.

Carle Vernet mourut en 1836.

Horace Vernet, fils du précédent, naquit à Paris, en 1789. Il se fit une grande réputation en traitant des sujets militaires empruntés pour la plupart à l'histoire de la Révolution et de l'Empire. Quoiqu'il fût très attaché au régime impérial, Charles X, faisant taire ses répugnances, le chargea de peindre quelques tableaux. Il entra à l'Institut en 1826 et fut directeur de l'École de Rome de 1826 à 1833. Revenu en France, Vernet trouva le musée de Versailles en voie de formation. Il contribua à l'enrichir par une nouvelle série de tableaux historiques et de portraits. A l'Exposition universelle de 1855, un jury composé de peintres de tous les pays de l'Europe lui décerna la médaille d'honneur.

Horace Vernet est mort en 1863.

Bien que Joseph Vernet seul soit né à Avignon, son fils *Carle* et son petit-fils *Horace* n'ont jamais perdu de vue le berceau de leur famille et y ont laissé des souvenirs éclatants de leur passage et de leur munificence. — Il y a au musée Calvet une salle formée de la collection des œuvres de ces trois peintres et décorée du nom de *Galerie Vernet*.

BRIAN (Les Frères). — *Joseph* et *Louis Brian* naquirent à Avignon, le premier en 1801, le second en 1805, d'un barbier qui avait installé une manière d'atelier d'artiste dans son arrière-boutique. C'est là que les frères Brian s'initièrent aux premiers principes du dessin. Encore adolescents, ils remportèrent le prix de dessin à l'école de la ville, puis, aidés des subventions de la municipalité, ils partirent pour Paris où ils ne tardèrent pas à prendre rang parmi les lauréats de l'École des Beaux-Arts.

L'un et l'autre se sont fait un nom dans la sculpture.

Mais le plus célèbre des deux frères est le plus jeune, Louis Brian. Il obtint, en 1832, le grand prix de Rome et, en 1840, la grande médaille d'or du Salon, avec son *Faune jouant avec sa queue*, qu'on peut voir au musée Calvet. La statue d'Althen, érigée sur le rocher des Doms, à Avignon, est l'œuvre collective des deux frères, et les deux statues qui décorent la façade du théâtre sont également dues à leur ciseau : Corneille est de Louis, Molière est de Joseph.

Ils vécurent toujours ensemble et moururent à peu d'intervalle, Joseph en 1863, Louis en 1864, trois mois trop tôt pour recevoir la grande médaille d'honneur qui fut encore, au Salon de cette année, décernée à sa dernière œuvre, *Mercure inventant le Caducée*.

DAVID (Félicien). — David (Félicien-César) naquit à Cadenet, en 1810. Étant enfant de chœur à Aix, il s'y fit remarquer par ses heureuses dispositions. Aussi obtint-il une bourse au collège des Jésuites. Mais il n'y resta que trois ans, sa vocation l'entraînant irrésistiblement vers l'étude de la musique. Il devint tour à tour, et jeune encore, chef d'orchestre au théâtre et maître de chapelle. En 1830, voulant perfectionner ses connaissances musicales, il quitta Aix pour entrer au Conservatoire. Mais il se prit d'une belle ardeur pour les doctrines sociales, alors à la mode, des Saint-Simoniens. Il composa les cantiques de cette sorte de nouvelle religion politico-philosophique. Il fit plus, il prit part au voyage de propagande fait en Orient par le père Enfantin, chef de la secte. La vue de ces pays merveilleux fit revivre l'artiste sous le missionnaire. Les impressions de son voyage furent pour lui une source d'inspirations musicales d'une originalité toute nouvelle. Il publia un recueil de *Mélodies d'Orient* qui fut assez froidement accueilli. Mais, en 1844, son Ode-Symphonie, *le Désert*, dont la mélodie évoquait les horizons lumineux et calmes du Levant sous un ciel chargé d'aromes, eut un succès inouï et fonda sa réputation. Félicien David a écrit d'autres symphonies et divers opéras : *La Perle du Brésil, Herculanum, Lalla-Roukh* et quelques mélodies charmantes, dont *les Hirondelles* sont une des plus connues.

Félicien David fut nommé en 1869 bibliothécaire du Conservatoire et, la même année, membre de l'Institut. Il est mort à Saint-Germain-en-Laye, en 1876.

V. — PERSONNAGES DIVERS

CRILLON. — Berton des Balbes (Louis de), seigneur de Crillon, surnommé le brave Crillon, naquit à Murs, canton de Gordes, en 1541. Il apprit le métier des armes sous le duc de Guise et avait à peine 17 ans lorsqu'il prit part au siège de Calais (1558), où il parut le premier à la brèche. Dans les guerres de religion, il combattit à Jarnac, à Moncontour, à Dreux, et fut blessé à Saint-Jean d'Angély, (3ᵉ guerre civile). Il s'employa à nouer la coalition formée entre Venise, le pape et l'Espagne, contre les Turcs qui menaçaient la chrétienté, et prit part, sous les ordres de Don Juan d'Autriche, général du roi d'Espagne Philippe II, à la grande bataille navale qui leur fut livrée à Lépante (Grèce). Il s'y distingua par de nouveaux prodiges de valeur et fut chargé d'aller porter à Rome et en France la nouvelle de la victoire.

Crillon était trop honnête homme pour s'associer au massacre de la Saint-Barthélemy. La cour eut soin de lui laisser ignorer le secret de cette horrible attentat qu'il blâma plus tard hautement. Deux ans après, la guerre étant rouverte, il se signalait encore contre les protestants au siège de la Rochelle (4ᵉ guerre). La même année il accompagna en Pologne le duc d'Anjou, frère du roi, qui venait d'être élu roi de ce pays. L'année suivante, Charles IX étant mort, et le duc d'Anjou étant venu en France pour y régner, Crillon l'accompagna encore. Quand les troubles de la Ligue eurent forcé Henri III de quitter Paris pour se réfugier à Blois, puis à Tours, il protégea avec sa valeur accoutumée cette dernière ville contre une attaque de Mayenne, en défendant presque seul l'entrée du pont sous une grêle de traits. Mais, quand Henri III osa lui proposer d'assassiner le duc de Guise, il refusa avec indignation de se charger de ce meurtre.

Le roi ayant été assassiné à son tour, Crillon prit parti pour le légitime héritier du trône. Après le combat d'Arques, livré sans lui, Henri IV lui écrivit ces mots célèbres : « Pends-toi, brave Crillon, nous avons combattu à Arques et tu n'y étais pas! Adieu, je t'aime à tort et à travers... » Mais l'année suivante il était à Ivry (1590). Il délivra Quillebœuf (Eure) investi par les Espagnols. Ayant pénétré dans la place à travers les rangs ennemis, il releva le courage des assiégés qui répondirent aux sommations des assaillants qu'ils ne se rendraient point, « Crillon étant dedans et l'ennemi dehors. » Pendant les autres luttes qu'Henri IV eut encore à soutenir pour conquérir, comme on sait, son royaume province par province, la fidèle et puissante épée de Crillon lui fut d'un grand secours. Recevant un jour à Lyon Marie de Médicis, il dit à ses courtisans en mettant la main sur l'épaule de Crillon : « Voilà le premier capitaine du monde. — Vous en avez menti, sire, répliqua vivement Crillon : C'est vous! » Notre héros eut peu de part aux libéralités du monarque qui dépensa cependant, à l'estimation de Sully, trente-deux millions pour vaincre les dernières résistances de ses sujets. « C'est que, dit le Béarnais, j'étais aimé du brave Crillon, et je n'avais à payer que ceux qui me persécutaient. »

Après la paix de Vervins, Crillon se retira à Avignon, où il mourut en 1615.

En 1858, on lui a élevé une statue sur la principale place de cette ville.

D'INGUIMBERT. — Inguimbert (Joseph-Dominique d') naquit à Carpentras, en 1683. Il fit ses études au collège des Jésuites de cette ville, prit l'habit de dominicain et, après avoir suivi à Aix les cours de philosophie et de théologie, il occupa à Paris un emploi au collège Saint-Jacques. Quelques années après il alla à Rome et parcourut l'Italie. Il professa la théologie à l'Université de Pise, puis entra dans un monastère à quelques lieues de Florence sous le nom de Dom Malachie, qu'il a gardé. A la suite de difficultés qui lui furent suscitées par ses ennemis, ceux-ci, malgré la protection de puissants personnages et du pape Clément XII lui-même qui l'avait chargé de mettre en ordre sa bibliothèque, parvinrent à l'éloigner de Rome en le faisant nommer évêque de Carpentras, où il résida désormais. A partir de ce moment il se livra tout entier aux soins de son diocèse, sans cesser, quoique évêque, d'observer la règle du monastère auquel il avait appartenu, n'usant jamais de linge et s'abstenant toujours d'aliments gras. D'Inguimbert fit de sa fortune le plus noble usage. La ville de Carpentras lui doit sa riche bibliothèque et son musée, ainsi que l'immeuble où ils étaient installés. Grâce à la libéralité de nouveaux et généreux donateurs, cet immeuble a été agrandi et restauré et les collections de livres et d'objets d'art singulièrement accrues. D'Inguimbert a encore doté sa ville natale de l'immense et splendide Hôtel-Dieu, également restauré depuis peu, auquel on ne peut reprocher, vu l'importance médiocre de la ville, que des proportions trop grandioses. Sa munificence s'étendit aussi sur les pauvres et les églises. D'Inguimbert mourut en 1757. La ville de Carpentras, reconnaissante, lui a élevé en 1858, une statue sur la place où s'élève l'hôpital qui porte son nom.

ALTHEN. — Althen (Jean) naquit à Chaouc (Perse) en 1709. Une révolution, où périt toute sa famille, l'obligea à s'enfuir de son pays. Il fut pris par des Arabes et vendu comme esclave à un marchand qui l'amena en Asie Mineure. Là il travailla pendant 15 ans à la culture de la garance. Il parvint enfin à s'évader et le consul français de Smyrne, à qui il annonça son projet d'apporter chez nous la plante tinctoriale, seconda sa fuite en France. Favorablement accueilli par Louis XV, c'est dans le Comtat-Venaissin, dont le sol et le climat lui paraissaient à peu près analogues à ceux de son pays natal, qu'il fit ses premiers essais. Ils furent victorieux. La nouvelle culture s'étendit, notamment dans les terres stériles et malsaines des Paluds (autour de Carpentras), où elle réussit admirablement. Une nouvelle industrie, conséquence de la nouvelle culture, fut créée. Des « fabriques » de garance s'ouvrirent alors à Sorgues, à Avignon, à Carpentras. Ce fut pour le département de Vaucluse, jusqu'à ces dernières années, une grande source de prospérité. Malheureusement pour les cultivateurs et industriels vauclusiens, les récentes découvertes de la chimie ont permis d'obtenir, à bien meilleur compte, à l'aide des carbures d'hydrogène, une teinture qui remplace celle de la garance : aussi la garance a-t-elle à peu près complètement cessé d'être cultivée.

Jean Althen mourut à Caumont (Vaucluse), en 1774 ou 1775. Il a laissé son nom à un village de la plaine de Carpentras : Althen-les-Paluds. Une statue lui a été élevée, en 1846, sur le rocher des Doms.

VIALA (Agricol), dont l'histoire est si populaire parmi les écoliers, naquit à Avignon vers 1780. — Les royalistes du Midi avaient pris les armes pour résister à la Convention. Le 14 juillet 1793, une armée de Marseillais marchait sur Avignon, devenu depuis peu ville française. Une petite armée s'était avancée à la rencontre des assaillants. Bien que la consigne eût été donnée de ne laisser sortir ni les femmes ni les enfants, le jeune Viala, commandant général de la petite garde nationale d'enfants appelée l'*Espérance de la Patrie*, se faufila dans les rangs de la milice citadine et arriva avec elle sur le bord de la Durance dont les Marseillais occupaient la rive opposée. En coupant les câbles qui maintenaient les pontons servant au passage de la rivière, on rendait ce passage fort difficile. Mais il fallait pour cela s'exposer à un feu terrible. Agricol Viala se présente, on le refuse. Il saisit une hache, s'élance au pied de l'arbre auquel le câble est attaché et frappe à coups redoublés au milieu d'une grêle de balles. Mortellement atteint, il tombe en prononçant ces mots : « Je meurs pour la liberté. » Le câble ne fut pas coupé. Les ennemis passèrent la rivière et jetèrent son corps dans les flots.

Pour honorer la mémoire du jeune Viala, la ville voulut lui ériger un buste en marbre, mais l'œuvre confiée à un marbrier avignonnais traîna en longueur et les événements en ajournèrent indéfiniment l'inauguration. On peut la voir néanmoins, encore incomplètement achevée, au musée Calvet.

Beaucoup d'écoles possèdent un autre buste, — plus moderne — du jeune héros auquel fait pendant le buste de Barras, son émule. L'un et l'autre sont dus au ciseau d'un sculpteur vauclusien.

D'ANSELME. — D'Anselme (Jacques-Bernard-Modeste d') naquit à Gargas, en 1740. Nommé en 1792 lieutenant général de l'armée du Var, il conquit le comté de Nice pendant que Montesquiou, qui commandait en chef, occupait la Savoie. Mais, rendu responsable des excès commis par ses soldats, le gouvernement de la Convention le fit jeter en prison. Il en sortit au 9 thermidor et mourut à Paris, vers 1812.

LE GASPARIN (les). — *Thomas-Augustin*, comte de Gasparin, naquit à Orange, en 1750. Il fut membre de l'Assemblée législative et de la Convention. Envoyé comme représentant du Comité de Salut public auprès de Bonaparte au siège de Toulon, il fit adopter par la Convention le plan du jeune commandant, mais mourut en 1793, avant la prise de la ville.

Adrien-Etienne-Pierre de Gasparin, fils du précédent, naquit à Orange, en 1783. Il fut successivement, sous Louis-Philippe, préfet, pair de France et ministre de l'intérieur. Il est surtout célèbre par ses travaux agronomiques et ses ouvrages d'économie rurale. M. Adrien de Gasparin fut membre de l'Académie des sciences. Il mourut en 1862.

Agénor-Etienne de Gasparin, fils du précédent, naquit à Orange, en 1810. Il fut chef de Cabinet de son père pendant que celui-ci était ministre, puis maître des requêtes au Conseil d'Etat. Il s'est aussi illustré par d'importants travaux de cabinet sur des questions philanthropiques ou philosophiques. M. Agénor de Gasparin est mort à Orange, en 1871.

FIN

TABLE

DES PERSONNAGES REMARQUABLES DE VAUCLUSE

	Pages		Pages
Albert de Luynes (de)	25	Gasparin (les de)	39
Althen	37	Girard (Philippe de)	21
Anselme (d')	39	Inguimbert (d')	26
Arnaud	18	Maury	26
Artaud	30	Mignard (les)	28
Aubanel	19	Parrocel (les)	29
Bidault	31	Perdiguier	27
Brian (les frères)	33	Pétrarque	17
Calvet	20	Rambaud de Vacqueyras	16
Castil-Blaze	31	Raspail	23
Crillon	35	Requien	23
David	34	Saboly	17
Duplessis	30	Trial	30
Favart (madame)	29	Trogue-Pompée	15
Fléchier	18	Vernet (les)	32
Fortia d'Urban	21	Viala	38

ÉMILE COLIN. — Imprimerie de Lagny.

www.ingramcontent.com/pod-product-compliance
Lightning Source LLC
Chambersburg PA
CBHW060519050426
42451CB00009B/1070